Charles Le Goffic

Ernest Renan en Basse-Bretagne

suivi de

Huit jours chez M. Renan
de Maurice Barrès

Copyright © 2022 by Culturea
Édition : Culturea 34980 (Hérault)
Impression : BOD - In de Tarpen 42, Norderstedt (Allemagne)
ISBN : 9782382749937
Dépôt légal : août 2022
Tous droits réservés pour tous pays

Aux mois d'été, dans la saison blanche, comme on dit ici, M. Renan habite, entre Perros et Louannec, sa petite villa de Rosmaphamon (un nom celtique qui signifie proprement *colline du fils Hamon*). Remontez sur la droite la baie de Perros. La route est jolie, bordée tout du long par la mer; vous vous guiderez sur cette flèche de clocher qu'on aperçoit au haut de la montée prochaine, dans les sapins et les ormes: Rosmaphamon est au pied de la montée.

Mais la villa est si bien noyée dans la verdure que vous passerez devant elle sans la voir si vous n'y prenez garde. Elle n'est point tout à fait sur le bord de la route, dont un champ de blé la sépare; on y accède par une manière d'allée latérale plantée de gros bons arbres quelconques, lourds, trapus, indisciplinés, — de vrais bretons, ces arbres! — qui ont poussé là un peu à l'aventure et qui sont les plus pittoresques du monde. La maison est blanche, à perron; elle n'a qu'un étage et des mansardes. La pelouse de face descend en pente douce vers la mer, qu'on voit par échappées. Au loin, coupant la ligne grise de l'horizon, l'île Thomé allonge sa rugueuse échine de basalte. Des goélands passent en criant; leurs ailes mouillées d'embrun battent lourdement le long des vagues. En haut courent de gros nuages de pluie. Et c'est le ciel de Bretagne.

RENAN

Hôtes de passage

Il n'y a guère plus de cinq ou six années que M. Renan s'est décidé à venir habiter au pays des *Souvenirs d'Enfance*. L'appartement du maître est au premier étage; il reçoit dans la bibliothèque du rez-de-chaussée ou bien sur la terrasse quand le vent est sec. Il ne sort guère de Rosmaphamon, préférant le petit bois de châtaigniers qui accote la villa, où l'ombre est tiède et la mousse délicate. Il nous disait un jour, en souriant :

— C'est ainsi que je voudrais imaginer le purgatoire. On y vivrait dans un air doux comme celui-ci, dans de sages entretiens où l'âme s'épurerait. Je n'aspire point au paradis : tant de lumière, cet éclat perpétuel, sont lourds à des yeux qui se sont longtemps baissés sur la vie.

Sa famille habite avec lui Rosmaphamon. Mais cette année Ary n'est pas encore revenu de Tunisie où il est parti au printemps. Il n'y a, à Rosmaphamon, que Mme Renan, M. et Mme Psichari et leurs enfants, deux bébés qui sont la joie vivante du grand-père. On l'aime beaucoup ici, nous dit-on, les pauvres pour sa bienfaisance et le reste des visiteurs pour la bonne grâce qu'il met à les accueillir. Et les visiteurs abondent chez M. Renan. Point seulement de ses collègues de l'Institut, comme M. Berthelot, ou des littérateurs de passage qui tiennent à honneur de venir saluer le maître, comme M. Anatole France, M. Edmond Haraucourt, M. Henry Houssaye. Il y a peut-être une classe de visiteurs plus intéressante et qu'on connaît moins : les anciens condisciples de M. Renan au séminaire de Tréguier et à l'école des frères de Lannion.

RENAN

Les anciens condisciples de M. Renan

Nous en avons interrogé quelques-uns : ce sont des puits d'anecdotes. Ou bien ils ont connu le Père Système, dont parlent les *Souvenirs d'Enfance*, et qui portait le même nom qu'un poète de nos amis, Guigou[1]. Le Père Système, vous vous souvenez, était un vieux bonhomme à lubies qui passait communément pour sorcier. M. Renan ne dit point au juste pourquoi ; eux prétendent qu'il devait cette méchante réputation au commerce des masques qu'il avait inauguré dans le pays. Ou bien ils ont joué dans leur enfance avec Noémie, qui était une Tallibart, et ils ne tarissent point sur sa grâce délicate et sur son air de fleur penchée. Ou bien ils rappellent qu'au séminaire le petit Ernest avait maille à partir avec un grand diable de garçon qui se nommait Géneslay et qui, « très fort sur la toupie et la galoche », n'en disputait pas moins à Renan les premiers prix de la classe.

Renan, lui, ne quittait point sa mère.

C'était « l'enfant modèle » ; il ne jouait point, et il demeurait des demi-journées entières à songer dans le cloître de la cathédrale. Mais Géneslay menait le branle de toute la classe ; s'il ne fréquentait point les églises, on le voyait souvent sur les quais qui bataillait avec les gamins de la ville, et ses culottes étaient toujours en loques.

Il quitta Tréguier pour le collège royal de Rennes ; il y fit sa philosophie sous M. Zévort père et eut le prix d'honneur. Mais à la distribution, quand on appela Géneslay pour recevoir son prix des mains du duc de Nemours, Géneslay jouait au billard...

Ce Géneslay, que nous croyions aux Grandes Indes, trappiste ou suicidé, a eu, nous dit-on, une destinée moins tragique : il serait devenu, dans ses vieux jours, adjoint au maire de Laval. M. Renan se souvient-il encore de Géneslay ?

---

[1] Erreur pour Duigou.

M. Renan dans son cabinet de travail

L'illustre écrivain s'enferme toute la matinée dans son cabinet de travail; on ne l'y dérange point. Les fenêtres regardent vers la mer; la pièce, comme, au reste, toutes les autres de la maison, est garnie de tableaux signés des deux frères Scheffer, le père et l'oncle de Mme Renan. Les trois-quarts sont des sujets religieux. Mais ces tableaux sont depuis si longtemps dans la famille qu'ils ne doivent plus gêner personne.

C'est là, à une petite table, que le maître travaille. La goutte ne l'a point quitté tout ce temps.

—Je ne lui en veux pas trop, nous dit-il; elle m'a forcé à beaucoup écrire; je ne suis sorti qu'une fois encore depuis mon arrivée à Rosmaphamon.

Ses études d'exégèse l'occupent presque entièrement. La goutte n'a aucunement dérangé la belle tranquillité de son visage: il a toujours, sous ses longues mèches tombantes qu'il ramène en causant, les yeux fins, à demi clos, le sourire de Joconde que vous lui connaissez, et aussi son nez sensuel de chanoine. Quand il croise les mains sur son ventre et qu'il se renverse un peu dans son fauteuil, il est merveilleux de béatitude. Ses siestes sont parfaites.

Le dictionnaire de l'académie

Nous lui avons communiqué, à notre dernière visite, un entrefilet d'un journal du soir qui annonçait, «de source certaine, que l'Académie allait définitivement abandonner la publication de la nouvelle édition de son dictionnaire.» Cette publication, ajoutait le journal, était commencée, mais n'en était encore qu'à la lettre A.

— C'est toujours la même confusion, nous dit M. Renan. La nouvelle que vous me communiquez ne me surprend point et il y a quelque temps déjà que nous avions suspendu nos travaux. Mais, il faut bien distinguer : l'Académie n'abandonne point et n'a jamais songé à abandonner la publication de son dictionnaire usuel ; nous en donnerons sous peu une nouvelle édition, où nous ferons droit, je pense, à quelques formes du langage qui n'avaient point encore leurs entrées chez nous et qu'il est prudent d'accueillir. Le fond de ce dictionnaire reste toujours le même ; comment ferions-nous pour changer la langue ? Mais l'Académie avait un autre dictionnaire en vue, une manière de dictionnaire historique de la langue, où nous aurions collationné les textes des grands écrivains classiques pour en tirer les différentes acceptions qu'ont revêtues les mots. C'est de ce dictionnaire, et non du dictionnaire de l'usage, que je parlais dans ma conférence du Vaudeville, quand je disais qu'à raison de cinquante années par lettre, il nous faudrait environ douze cents ans pour le mener à bien.

RENAN

Les « souvenirs d'enfance et de jeunesse »

La conversation revint sur la Bretagne et l'on parla des *Souvenirs d'enfance et de jeunesse*.

On n'a point assez remarqué comme dans ce livre M. Renan s'est attaché à une sorte d'impersonnalité. M. Renan ne voulait écrire que les «mémoires d'une âme», et ainsi, dépouillés de presque toutes les circonstances de temps et de lieu, auxquelles ils se rapportaient dans la réalité; ses Souvenirs d'enfance et de jeunesse sont plutôt des réminiscences que des souvenirs. M. Renan est même allé jusqu'au bout dans cette voie.

—J'ai tout changé, nous disait-il, tout déguisé, ou déplacé, les hommes et les choses, et j'ai fait en sorte qu'on ne pût se reconnaître dans mes *Souvenirs*.

C'est pousser un peu bien loin le parti pris. Mais si l'on se rappelle que M. Renan a écrit la *Vie de Jésus*, que jamais livre n'a froissé plus vivement la susceptibilité des consciences bretonnes, que les âmes ici sont toujours lourdes de rancunes, on comprendra mieux qu'ayant à parler de la Bretagne, M. Renan se soit cru obligé à des précautions et à des ménagements qui auraient été superflus pour un autre que lui.

Le chariot de Saint-Renan

Il y a dans la vie du patron de M. Renan une anecdote qu'il doit connaître, et qui est loin pourtant de corroborer ce qu'il affirmait à Quimper de la «modération» bretonne : comme le chariot qui portait le cadavre du saint côtoyait un lavoir, une vieille femme, nommée Keban, qui travaillait là et que ce cortège dérangeait, se leva toute rouge et d'un coup de battoir cassa la corne d'un des bœufs. La légende ne dit point si le saint pardonna pour son bœuf et si Keban fut punie comme elle le méritait, mais nous sommes bien sûr qu'à la place du saint M. Renan eût pardonné.

Jamais un mot de colère, un reproche seulement, mais au contraire un sourire et une pitié douce, ce fut la réponse qu'il fit toute sa vie aux attaques du clergé de Bretagne. Et l'on ne sait point tout ce que l'imagination des directeurs de séminaires a pu inventer pour charger la haine des pauvres lévites contre ce «renégat d'Ernest Renan». Il court des légendes que vous ne soupçonnez point, dans le clergé des campagnes, sur la vie de l'illustre auteur des *Dialogues*. Nous avons interrogé vingt prêtres des environs ; il n'en est point un qui ne soit persuadé, sur la foi de nous ne savons quel racontar imbécile, que M. Renan est parti de Saint-Sulpice en «volant» les cahiers d'hébreu du savant M. Lehir. Toute sa science viendrait de là. Ils en sont persuadés. Et ces pauvretés font la joie de leurs gouvernantes.

M. Renan ne cessera pas pour cela de sourire ; il sourira jusqu'à sa mort. Cette plénitude d'indulgence est peut-être la caractéristique la plus frappante de l'homme qui se vantait certain jour d'avoir été en son genre un «bon taupier» et un «bon torpilleur». Nous savons bien que M. Renan est aussi et avant tout un artiste et qu'à cet égard on pourrait ne voir dans son indulgence qu'une suprême coquetterie d'attitude. Mais, coquetterie ou non, M. Renan s'en est fait une loi et il ne convient pas de réclamer contre la leçon indirecte qu'il donne à ses adversaires…

Les fêtes de Tréguier

Et voici que se préparent, dans la ville natale de M. Renan, à Tréguier, de grandes fêtes religieuses pour l'inauguration de la statue d'un autre Breton, Ervoan Héloury, le bon avocat des pauvres, le doux prêtre que Rome a canonisé sous le vocable de saint Yves. La statue sera érigée dans l'église paroissiale. Toute la Bretagne sera là, au jour marqué.

— Nous devons, nous disait un familier de la maison, quand le maître nous eût reconduit, une statue encore que nous ou nos neveux érigerons un jour dans ce vieux Tréguier, non point à l'intérieur de l'église, mais pas trop loin d'elle pourtant, sur le parvis, si vous voulez. Et, sur le socle, nous graverons les paroles qu'échangèrent devant Lanvor un moine cambrien et le barde Lywarc'hen. « Voici, disait le moine au réfractaire, voici l'église de Lanor, au-delà du fleuve; mais je ne sais si tu as rien de commun avec elle. — Oui, répondit Lywarc'hen, voici Lanvor, la majestueuse. Je crois en effet que nous n'avons plus rien de commun. Mais elle est si belle que je voudrais reposer à son ombre... »

HUIT JOURS CHEZ M. RENAN

Les pages que voici, je les ai écrites, il y a bien longtemps, quand je débutais dans les lettres et quelques-unes même quand j'étais étudiant. Les plus anciennes, qui devaient être réunies sous ce titre Huit jours chez M. Renan, ont paru dans le Voltaire au mois de mai 1886.

M.B.
1913

DÉDICACE

Mon cher ami,
Un publiciste judicieux a écrit des
Conversations de Gœthe avec Eckermann que,
si elles n'avaient pas été tenues réellement,
il faudrait les inventer.

M.B.
Paris, 1888.

Avertissement
de la deuxième édition

Cette fantaisie accueillie avec faveur, je puis bien le dire, par des lettrés délicats et prudents, n'a pas été comprise de tous dans l'entourage de M. Renan. Au dessert d'un banquet celtique, l'illustre vieillard, couronné de ses Bretons familiers, a cru devoir protester contre les pages qu'on va lire. Son charmant petit discours m'a étonné. Comme me voilà méconnu par un maître que je goûte fort! La dédicace pourtant, l'épigraphe empruntée à Sainte-Beuve, et l'atmosphère de chaque phrase indiquent nettement mon idée. J'essaie un dialogue dans la manière qu'a imaginée Platon pour peindre mieux, chez son maître Socrate, l'attache des idées et de l'homme. Fût-il jamais divertissement plus intellectuel?

Dernièrement, j'en causais avec mon ami Simon : «Ces susceptibilités, m'a-t-il dit, je les crois excessives, mais leur sincérité les fait trop légitimes pour que vous n'en teniez pas compte». Sur son avis, j'ai donc effacé quelques lignes d'une œuvre que tous deux, d'ailleurs, nous trouvons respectueuse pour un maître sans qui plusieurs façons de sentir et de penser ne seraient pas.

«Vous parlez de Renan, me disait encore Simon, sans préoccupation de lui plaire ou de lui déplaire, simplement en familier de son œuvre. A mon avis, vous n'avez pas dépassé votre droit de critique et d'humoriste. Mais ce ton, fort reçu envers les morts, sied-il avec les vivants? On s'accorde, pour l'ordinaire, à parler de ceux-ci avec habileté, et de ceux-là seuls avec sincérité. C'est affaire d'éthique personnelle».

M.B.
Paris, 1890.

HUIT JOURS CHEZ M. RENAN

Et pour parler convenablement de M. Renan lui-même, si complexe et si fuyant quand on le presse et qu'on veut l'embrasser tout entier, ce serait moins un article de critique qu'il conviendrait de faire sur lui, qu'un petit dialogue.

SAINTE-BEUVE

On sait que M. Renan possède à Perros-Guirec (Côtes-du-Nord) une petite maison d'été, où il passe chaque année les mois chauds.

I
A TABLE

Pendant le dîner, qui fut simple, M. Renan vint à parler d'un jeune homme de Perros-Guirec :

— C'est un excellent esprit ; il est instituteur à Versailles ; il voudrait quelque avancement dont il est digne ; je l'ai recommandé à mon ami le vice-recteur de l'Université de Paris. J'ai écrit cette lettre avec plaisir. Et je fais valoir que son frère est mort au Tonkin.

Il aurait continué de la sorte ; un des convives que je crois professeur du Collège de France, avec un peu d'impatience, l'arrêta :

— Mon cher maître, vous n'avez rien écrit, quoique je vous aie prié souvent de penser à ce jeune homme...

— Je l'ai oublié ? j'en suis fâché ; c'est un très bon esprit, un excellent sujet : il méritait son avancement.

Il y eut un silence, pendant lequel je me demandais s'il était aimable de sourire ou de n'avoir rien entendu.

M. Renan, qui s'aperçut de mon indécision, me dit :

— Il faut l'avouer, j'ai des distractions[2]. C'est que je suis un passionné, le plus passionné des hommes.

— Nous croyons tous, monsieur, que vous avez vécu comme un sage.

— Je ne suis un sage que depuis que les hasards du succès m'ont fait paraître tel. Toute ma vie je fus consumé de passion. Pour la satisfaire, j'ai repoussé de vieux amis et peiné les êtres qui m'étaient le plus cher. J'ai renoncé à un succès certain et immédiat à l'âge où on y trouve réellement de grands avantages. Jusqu'à cinquante ans,

---

[2] On sait, du reste, que M. Renan ne fait aucun cas des jeunes littérateurs. Il pense justement que c'est prétention et échec d'écrire avant la quarantaine. La France meurt des gens de lettres, me disait-il un jour.

je ne me suis jamais couché avant les deux heures du matin. Enfin j'ai abîmé mon estomac. N'est-ce pas, monsieur, le fait d'un homme passionné? Pour connaître les origines de notre foi, j'appris l'hébreu, le syriaque et le chaldéen : travaux délicieux, et tels qu'aucune amante n'aurait su comme eux remplir ma vie. Je crois que Don Juan eut un cœur moins ardent que ce petit philosophe que j'étais, sous la froide charmille janséniste de Saint-Sulpice.

« Madame Sand, qui m'aimait beaucoup, me pria un jour au Magny; elle voulait qu'en dînant je séduisisse son ami Gautier. Nous passâmes deux heures d'une fine intimité d'esprit. J'admirais Gautier. Je fus frappé du découragement de ce grand artiste. Quoi! ses phrases éclatantes, la belle netteté de sa vision, lui laissaient le loisir d'être inquiet! C'est que de courts poèmes, un conte parfait, ne nourrissaient pas assez régulièrement sa passion. Son enthousiasme avait des répits, des jours de diète ou de viande creuse de journaliste. Il lui fallait s'efforcer ensuite, et repartir sur de nouveaux frais. Pour moi, j'ai donné, chaque matin, à ma passion un dictionnaire et un lexique à dévorer. Le champ des études historiques où je vis est immense, et, s'il venait à nous manquer, j'entrevois les sciences naturelles, qui sont inépuisables.

« Madame Sand demanda à Gautier comment il m'avait trouvé. Il répondit : "Renan, c'est un calotin". Il avait bien raison. J'ai toujours rêvé de m'enfermer dans une œuvre idéale. J'ai fait ma vie pauvre, pleine d'émotions intimes, exempte des soucis matériels et des influences extérieures. Tandis que d'autres passaient superbes de vie, livrés aux tourments et aux jouissances, peut-être quelquefois ai-je trop admiré leur sang si chaud et leur jeunesse orgueilleuse. Mais j'ai bien vite reconnu, sous la magnificence de leurs attitudes, l'ignominie du siècle, la tristesse de tous les désirs. Je m'en suis tenu aux choses de l'âme, je suis un prêtre... »

Je ne sais quelle maladresse fut commise dans le service ; le maître, au lieu de s'en fâcher, sourit, disant à peu près :

— On ne peut plus rien faire de ces filles depuis que des journalistes sont venus à Perros. A ces messieurs tous moyens étaient bons pour connaître des détails de notre vie. Ils surent paraître séduisants à ces sauvagesses... Ils avaient raison, continua-t-il en me versant un verre de fine champagne ; moi-même, pour connaître les secrets de Dieu, j'ai fréquenté ses serviteurs. C'est d'eux que j'ai appris le ton et les anecdotes qui plaisent dans mes ouvrages.

Nous passâmes sur la terrasse. A travers une éclaircie des arbres on apercevait la mer, et cette masse d'émotion confuse qu'est l'océan, le soir, faisait paraître bien petites ces coquetteries d'esprit.

Quelques jeunes gens, Parisiens en villégiature à Perros, vinrent nous rejoindre, qui s'amusèrent à chanter des chansons bretonnes. M. Renan, pour les obliger, entonnait avec eux le refrain de la Reine Anne. Puis, il se tint à l'écart approuvant de temps à autre, jusqu'à ce qu'il obtînt le droit de se faire oublier.

Cette fois encore, je fus émerveillé par l'écrasante bienveillance de M. Renan. L'ironie métaphysique est une excellente attitude en face d'un univers qui manque décidément d'imprévu. Ce n'est pas la facétie d'un homme pour qui le sort fut favorable, mais la clairvoyance d'un haut esprit, résigné à l'irrémédiable bassesse du plus grand nombre des minutes que vivent les hommes et qu'il vit soi-même. Tandis qu'il roule sur ses épaules sa tête grossièrement ébauchée et qu'il tourne ses pouces sur son ventre merveilleux d'évêque, tous lui sont indifférents. Il ne s'intéresse qu'aux caractères spécifiques ; pour lui, l'individu n'existe pas.

II
EN PROMENADE

Vers les quatre heures, en longeant l'Océan, nous sommes allés à Perros-Guirec, qui est un petit village de baigneurs, à huit cents mètres de la maison Renan. En avant, avec sa maîtresse et son maître-nageur, marchait mon ami Simon, qui a peu de goût pour la compagnie des gens de lettres, fussent-ils les plus notoires du monde. « Ce sont des personnes susceptibles, me dit-il, et leur vanité, excusable dans leurs œuvres, n'est pas justifiée le plus souvent par leurs agréments mondains ».

L'illustre penseur, considérable, et son chapeau à la main, traînait un peu à cause de ses rhumatismes. Nous étions fort salués, et il paraissait jouir de cette bienveillance de l'automne et des gens. Après qu'il eut un peu soufflé, il me parla de cette douceur qu'il goûtait à être aimé dans son pays natal, où jadis on l'eût écharpé.

— A Ischia, me dit-il, je passais des étés délicieux avec Hébert, mais cette terre d'Italie, courtisane qui ne s'est jamais refusée, ne sut s'assurer mon cœur. Il me fallait le foyer de mon père, la vie de Bretagne. Croyez-moi, c'est une idée excessive de leurs devoirs qui poussait mes compatriotes à violenter leurs âmes. Ils m'ont toujours aimé sans qu'ils le sussent. Le directeur de Saint-Sulpice, l'abbé Le Hir (Arthur-Marie), était de Morlaix. Il fut attristé par la flexion que je dus imprimer à ma vie. D'une haute science d'orientaliste, il eut à réviser à son point de vue mes travaux. Il fut brutal. C'est le ton des prêtres dans leurs polémiques. Mais il s'en excusait presque. Il écrivait : « M. Renan a-t-il encore le droit d'exiger de nous que notre indignation se contienne ? En repoussant ses attaques, nous ne faisons que nous défendre ; nous soutenons une lutte généreuse pour ce que l'homme a de plus cher et de plus inviolable, *pro aris et focis*[3] ».

---

[3] Pour les gamelles et les foyers.

Il s'agissait de ma *Mission en Phénicie*[4], et cet excellent homme continuait avec la gaucherie la plus adorable du monde: «M. Renan sait que je ne le hais pas. Plût au ciel que la Providence, qu'il n'invoque plus, fît tomber entre ses mains quelques rouleaux poudreux, enfouis pendant des siècles, où fussent consignées les annales de Tyr et de Sidon! Plût au ciel que, laissant là la Bible, il s'honorât lui-même, en honorant sa patrie, par des travaux d'histoire et d'archéologie sur les pays qui ont été le théâtre de ses recherches! J'applaudirais à ses efforts, je louerais ses succès, et, s'il était nécessaire, j'excuserais ses écarts, dont les plus habiles ne sont pas sûrs de se préserver. Mais c'est lui qui nous oblige à changer notre voie». Et à la fin: «J'achève ma tâche, disait-il, avec la douloureuse perspective d'éloigner pour longtemps un ami des jours anciens que nos bras ouverts ne se sont pas lassés d'attendre, mais avec la conscience d'accomplir un devoir». Tandis que l'épiscopat presque entier m'injuriait avec colère, Le Hir est avant tout peiné. Il souffre de me haïr. Ce n'est qu'en se forçant qu'il grossit sa voix. Tel fut le cœur de la Bretagne à mon égard: elle m'adora toujours...

Il n'en est pas moins vrai, ajouta l'illustre vieillard en levant soudain ses paupières sur un regard magnifique de glace et d'intelligence, il n'en est pas moins vrai qu'il y a vingt ans tout ce monde-là se fût sanctifié à me mettre en pièces.

— Je pense qu'aujourd'hui notre sécurité est parfaite, lui dis-je en m'essayant à plaisanter.

— J'invite les maires à dîner, volontiers. On voit les sous-préfets et les chefs de gare pleins de prévenance à mon endroit. D'ailleurs ici, à deux pas de Lannion, nous sommes dans un pays civilisé par les baigneurs. Mais il ne conviendrait point que je m'aventurasse dans une réjouissance du Finistère, dans un pardon, veux-je dire, parmi quinze cents gaillards d'intelligence courte, touchés d'alcool et qu'un geste du vicaire peut déchaîner. Je retrouve de vieilles relations de familles. Si vous étiez Breton, nous serions cousins; la politesse le veut.

---

[4] Dans cette citation et les suivantes, on a rétabli le texte exact. Épigraphie phénicienne, juin et juillet 1864, dans les *Études religieuses, historiques et littéraires*.

L'autre jour, à la gare de Lannion, un aiguilleur a serré la main de mon fils Ary, et lui a dit que j'étais un brave homme, que mon père avait été son parrain. Puis il l'a chargé de me souhaiter le bonjour. Au vrai, ma mère n'a laissé ici d'autres parents que Joseph Morand (M. Renan disait Joson, et m'ajoutait que lui-même, sa mère l'appelait Ernestic). Morand est avocat à Lannion, où son père, jadis, fut greffier du tribunal. Nous nous sommes beaucoup aimés. En 1830, j'avais huit ans ; ma mère et moi, nous étions chez les Morand, au manoir de Travern, près de Trebeurden, au bord de la mer. Je vois encore notre banc de pierre abrité de la brise, et les vagues qui se pressaient. Je lisais Télémaque. Ma mère aimait beaucoup Télémaque, monsieur. C'est un bien beau roman. Et une vieille femme accourut disant : « *Ar revolution so e Paris!* La révolution est à Paris ! » Nous restâmes désespérés, à cause de mon frère Alain qui était là-bas, et nous pensions qu'on allait tout tuer.

Je ne sais comment M. Renan me dit cette histoire, mais j'y trouvai, dans un raccourci touchant, ce milieu étroit et sentimental où, petit enfant près de sa mère, il préparait son génie. Avait-il deviné mon émotion ? Il me dit d'un ton affectueux :

— Vous aussi, vous aimez Télémaque. Eh bien ! venez demain matin, je vous lirai les pages chimériques que je me plus à écrire en rêvant que Fénelon m'eût approuvé. Vous voulez savoir d'un vieil homme s'il est heureux. Vous doutez qu'il lui suffise d'avoir écrit des pages qui plaisent, et de dîner avec de belles amies à Paris. Le vieil homme vous montrera que son bonheur est la certitude qu'il n'a pas démérité du petit garçon de Trebeurden, qui lisait Télémaque à sa mère auprès de l'Océan.

Simon, qui a ses habitudes, venait d'entrer dans la petite pâtisserie de Perros. J'allai le rejoindre, car je sais que M. Renan aime marcher seul. Et puis il affectionne un certain nombre de considérations étymologiques, sur l'île Tomé, par exemple, dont le nom vient de Stoma, grec, ou de San Tome, espagnol, qui, je l'avoue, m'ennuient.

III
Dans sa bibliothèque

Comme M. Renan m'y avait engagé, je suis venu chez lui, au matin. On me pria d'attendre dans la bibliothèque ; j'ai préféré visiter le jardin, car ces matinées de Bretagne sont admirables et joyeuses. Ce bouquet d'arbres dans cette gorge, la mer belle à l'infini devant moi, ce sol antique et couvert de divinités tristes, et là, dans cette petite maison de briques, l'intelligence la plus claire, la plus ornée que je sache, tout m'enchantait. Et j'étais orgueilleux de moi-même, parce que je sentais si profondément les choses.

Le maître m'appela depuis la terrasse. Dans la bibliothèque, nous avons un instant regardé ses livres. Je crois bien que le plus fatigué est le traité de Cousin, *Du vrai, du beau, et du bien*.

— C'est, me dit-il, un maître presque complet, un écrivain éloquent et un manieur d'hommes... Mais peut-être ne voyait-il pas de diffé-

---

[5] C'est ici le passage qui semble avoir le plus ému M. Renan en 1888 ; il affirme que j'ai mal exprimé son opinion sur Cousin. Mais lui-même, je crois qu'il ne m'a pas compris : c'est qu'il ne m'a pas lu. Il a bien raison, mais alors pourquoi risque-t-il de me chagriner ? « On a vu dans ma bibliothèque, a-t-il dit aux Bretons du Dîner Celtique, un livre bien fatigué. On en a conclu que c'était mon livre de prédilection. C'était un Cousin... et alors..... C'est là un genre d'induction véritablement un peu hasardé, et qui me fait énoncer des opinions qui sont l'inverse absolu de la vérité... » En quoi ai-je donc blessé la vérité ? Je dis (d'après un rédacteur du Parti National) qu'on voit chez Renan un traité *Du Vrai, du Beau et du Bien* très fatigué. Je n'en conclus pas un instant que M. Renan préfère ce livre à tous autres ; je ne dis même pas qu'il le goûte un peu. Mon personnage se borne à constater l'influence qu'eut Cousin, ses qualités d'homme d'action, sa dictature à l'École Normale. Ce sont des faits que personne ne saurait nier. L'éloquence littéraire de Cousin, M. Renan l'a jadis célébrée. Du caractère de l'homme, de la conscience du penseur, mon Renan ne dit pas un mot ; il s'en tient à une réticence ironique. C'est qu'en effet M. Renan a toujours négligé de s'expliquer nettement sur Cousin. Cela jadis aurait pu être utile... Ah ! que voilà de vieilles histoires.

rence très nette entre l'influence de Jésus sur les Apôtres et sa propre dictature à l'École normale[5].

M. Renan me dit encore :

— Il est vrai qu'on veut bien m'offrir beaucoup d'intéressants volumes. Un jour décidément, il fallut que je priasse un libraire de me désencombrer. L'homme jura qu'il ne me laisserait pas l'ennui d'enlever les dédicaces, et qu'il y suffirait avec son petit commis. Je me méfie trop peu de la malice humaine... C'est depuis cette époque que j'ai reçu des lettres anonymes, où l'on me tutoyait, monsieur. Comme il était judicieux, l'abbé Carbon, de Saint-Sulpice, de n'aimer guère le talent et de nous assurer qu'il est la source des vanités les plus désordonnées !

Quand nous fûmes montés au premier étage dans son cabinet, dont l'entrée est une très grande faveur, Renan ouvrit un manuscrit intitulé *Souvenirs de vieillesse*.

J'ai noté le soir même ce que j'entendis. Mais je crains qu'on ne trouve ici qu'un miroir bien obscur des visions délicieuses que je dus à M. Renan, en cette belle matinée.

Souvenirs de vieillesse

M. Renan rappela ainsi le banquet de Tréguier, du 3 août 1884 :

« Tout ce qui se dit sous la rose, selon le proverbe des anciens, me parut toujours devoir être tenu secret. Nous avons dîné sous un verger en fleurs. Parmi cent cinquante convives, j'étais placé entre l'adjoint et le maire, les plus vieux du pays. Si j'ai eu quelque talent, ç'aura été de comprendre l'âme naïve du peuple. Et pourtant mes deux voisins m'ont-ils trouvé intéressant ? Quand Nicolas Quellien eut dit ses vers mythiques, que je connais si bien, je me levai...

» Cette race idéaliste des Bretons cherchait dans le cidre ce don de poésie que le monde m'a accordé. Mes jeunes amis de Paris interrogeaient curieusement le front charmant de nos filles de Bretagne. Je promis à des poètes la bienveillance de Calmann Lévy, puis çà et là quelques bureaux de tabac. Seul, je descendis les rues étroites et tortueuses de Tréguier. Je traversai la place de la Levée, au ras de la cathédrale et du cloître, jusqu'à la petite rue Stanko. Chaque pas me troublait de souvenirs.

» Cette soirée passée dans l'étroite ville de mon enfance, où j'avais si peu prévu mon avenir, me reviendra, je crois, à mon lit de mort. Ému presque mystérieusement à l'idée que sur cette pierre, où, vieillard illustre, je m'accoudais, j'avais jadis tant joué avec mes petits camarades, je vis du coin de ce cloître se lever sur la route de ma vie des scrupules qui me remuèrent douloureusement. » Non, mon œuvre n'est pas mauvaise! non, je n'ai rien renié! J'ai appris à faire des plaisanteries que je ne goûte guère, mais je garde tout mon amour pour la flèche légère de cette église. Quand on croyait que je l'ébranlais, je l'ai secourue. Elle peut l'ignorer. Moi qui fus dans ce siècle son meilleur fils, son soldat plus utile que tant de zouaves et que Lacordaire lui-même, elle n'a pu me récompenser. Je ne serai pas enterré dans le cloître. O mes maîtres, mes amis, êtes-vous donc morts sans recevoir aucune lueur de ma fidélité, sans soupçonner que moi, l'un des vôtres dans le camp ennemi, j'étais le vaincu qui prend insensiblement la direction de ses vainqueurs? N'admettez-vous point que ceux-là, pêle-mêle, qui tinrent à honneur de m'offrir ce soir un banquet, rendent encore hommage à votre idéalisme?

» Par ce chemin du collège à la maison, que deux fois par jour quand j'étais petit écolier je parcourais, je suis rentré. L'excellente femme à qui je loue la maison de ma mère et qui me loge a voulu me donner la plus belle chambre. Si je n'avais craint de la contrarier, et si les infirmités ne m'avaient fait plus délicat, j'aurais voulu reposer, comme jadis, dans la cuisine, au coin de la cheminée. Mais pouvait-elle comprendre que le véritable honneur pour un vieillard, est de reprendre la place qu'enfant il occupa? Bien peu en sont dignes. Le petit Renan était tout ce que je suis maintenant. Même j'ai laissé en chemin quelques-unes de ses nobles aspirations. Dieu est fort raisonnable de faire des anges avec ceux qui meurent jeunes; ils y conviennent bien mieux que les vieux saints, toujours un peu chagrins et amers. Je doute parfois très sérieusement de l'esprit humain, qu'à douze ans je ne songeais même pas à critiquer. Je possédais alors les dons et même les rhumatismes qu'on me voit aujourd'hui. Je n'ai rien acquis, si ce n'est l'usage des dictionnaires. Même, ai-je eu l'art de faire mon chemin ? Un siège au Sénat, quelque influence sur les destinés de mon pays, n'auraient-ils pas flatté ma vieillesse ? »

M. Renan vit que j'étais frappé de cette demi-ambition qu'il avouait, et fermant son manuscrit, il me développa sa pensée :

— Un excellent chroniqueur a reproché à mon ami Berthelot d'aimer les places. Je comprends bien qu'il ne s'agissait, pour M. Scholl, que de placer une plaisanterie dont il était satisfait. Il a parlé de M. Berthelot pour laisser souffler M. Stapleaux, sur lequel, me dit-on, il s'exerce d'habitude. Je crois qu'il m'est arrivé à moi-même de prêter à saint Paul, lors de son agonie, des considérations dont il était positivement incapable. Mais j'accepte pour moi et pour Berthelot cette allégation. Soit, nous aimons le succès dûment enregistré et sanctionné. C'est que nous sommes des savants, l'un et l'autre, et doués du sens historique. J'ai écrit *les Origines du Christianisme* ; mon éminent ami étudie les origines de la Chimie : nous sommes accoutumés à considérer chaque forme du génie humain dans son développement, depuis la racine, depuis la germination sourde, jusqu'à la fleur. J'ai constaté que Jésus n'était fils de Dieu que pour avoir réussi ; s'il n'eût pas su manier les hommes, il ne conquérait pas ses apôtres, il n'émouvait pas le peuple : il demeurait un rêveur sans histoire. Berthelot m'affirme qu'il y eut parmi les alchimistes des intelligences de premier ordre, des génies en puissance, à qui il n'a manqué, pour être les véritables serviteurs de l'intelligence humaine, que d'être reconnus par elle, en un mot, d'avoir le succès. Je tiens pour vaines subtilités de bibliothécaire les discussions sur le génie de celui-ci ou de celui-là, mort il y a cinq siècles. L'amoureux du progrès ne peut classer parmi les héros que ceux qui aidèrent à quelque groupe humain. Le plan merveilleux qui nous eût assuré la victoire en 1870 et qui est resté dans le portefeuille d'un petit lieutenant est une belle œuvre pour une centaine d'intelligences spéciales ; mais je regretterai toujours que ce lieutenant n'ait pas fait reconnaître son génie en temps opportun. En voilà un qui serait un grand homme ! Chacun a son heure dans l'humanité, où il peut être utile : la gloire l'en récompense. Archimède apportant aujourd'hui la quadrature du cercle ? Il fit bien d'avoir son succès au IIe siècle avant Jésus-Christ.

» Un esprit assez grossier sera réellement un génie s'il en remplit l'office devant l'humanité. Ainsi de Hugo : j'ai mis quelque temps à comprendre ce grand poète ; vous savez que je n'entends pas grand-chose à la littérature ; je ne sais que dire à peu près, dans l'ordre logique, les petits faits qui peuvent intéresser ; Mérimée et Sainte-Beuve me plaisantaient souvent : " Il faut que chaque âge ait son vice, disait Sainte-Beuve ; n'avons-nous pas été romantiques à vingt ans ? Renan le deviendra sur le tard". En effet, quand Victor Hugo revint de l'exil, quand je vis la forte conscience de ce vieillard, son culte de soi-même, et l'enthousiasme de trois générations organisé autour de sa personne, je compris que j'avais tort de ne point l'admirer davantage. Celui qui sait éveiller les plus nobles sentiments dans les poitrines, quel qu'il soit d'ailleurs, il est bon que nous l'honorions ; il est le foyer où s'échauffe l'âme de la Patrie ».

Ainsi parlant, l'illustre écrivain se prit à rire doucement. Pour moi, j'admirais la largeur de son génie et le charme de son caractère.

IV
Dans les coulisses

Cette après-midi, quand je fus introduit dans le cabinet de M. Renan, l'illustre académicien sommeillait légèrement sur d'antiques grimoires. Avec une parfaite aisance, il se réveilla sans secousses, comme un sage qui est accoutumé de passer du rêve aux affaires. Et déjà il m'approuvait.

— Monsieur, lui dis-je, avez-vous été ému de l'assaut qu'on vous fit, pour votre *Abbesse de Jouarre*?

J'avoue que ma question me paraissait déjà maladroite. Mais cette chaleur, cette digestion du milieu du jour, m'ont toujours diminué.

M. Renan (qui me traite avec faveur, parce que je n'interroge que pour plaire), ayant levé sur moi son regard qui vaut le magistral petit coup d'œil d'un énorme éléphant, me rassura d'un dodelinement; puis il installa son corps pour parler plus à l'aise:

— Le monde a prétendu que j'étais un écrivain inconvenant. Je croirai difficilement que j'exalte le vin, les femmes et la chanson, et que, devenu grivois sur le tard, je dépasse Béranger, pour lequel jadis j'ai dit ma répugnance jusqu'à inquiéter l'impartialité de Sainte-Beuve, qui n'était pas non plus un esprit en goguette. Pourtant, que j'offense le front tendre des mondaines, cela est possible; mais je ne puis le savoir. Au séminaire, quand on nous lisait les discussions les plus audacieuses des casuistes, nous étions tous à genoux avec nos surplis sur le dos. C'est une habitude que j'ai conservée. Les propos qui offensent le plus les âmes du siècle, je puis les entendre, sans détourner ma pensée ni mon regard de mon Dieu intérieur. Même je ne les prononce, comme le prêtre, que pour dériver les soucis de la chair. Platon est l'un de mes maîtres. Comme l'a très bien vu le plus intuitif des historiens, je veux dire mon ami M. Michelet: *le Banquet* est austèrement licencieux. Une scène hasardée faisait courir de main en main ce petit livre si fécond, qui a plus servi qu'aucun la cause de l'idéal.

» Le Figaro de son côté m'a reproché d'avoir trop d'esprit. Est-ce donc en avoir trop que d'envier ses rédacteurs ? Un journal est la meilleure forme que je sache pour l'exposition de la vérité. A côté d'un Premier-Paris, qui est une affirmation de principes, voilà le portrait d'un homme politique, un tableau de la situation du pays, les ruses électorales, mille petits faits qui corrigent l'absolu des doctrines affichées en première page; puis viennent les échos avec leurs Five o'clock, leurs intrépides vide-bouteilles et autres détails de luxe. Par ces contrastes, vous indiquez que les hautes recherches, si belles qu'elles soient, ne sont pas toute la vie, que les sourires, les primeurs et la lumière électrique ne sont pas une quantité négligeable. Ainsi, les divers articles d'une gazette donnent à chacun de nous la vision du monde qui nous convient particulièrement, mais en même temps un journal, puisqu'il renferme toutes les visions qu'on peut se faire de la vie, est bien la forme la plus approchante que nous ayons de la vérité. Il n'est pas jusqu'à cette formule : La suite au prochain numéro, qui ne soit excellente, car elle nous fait souvenir que Dieu, ce merveilleux romancier, n'a jamais dit son dernier mot.

» Vous êtes un peu journaliste, monsieur, avouez-le, votre art exquis ne peut être compris dans ses intentions que des intelligences très avisées. Ce n'est pas votre affaire de rien expliquer; vous vous bornez à noter ce que l'on voit quand on regarde par la fenêtre. Mon métier est plus triste : je suis un pédagogue. C'est moi qui commente toutes les jolies choses que les journalistes à travers les siècles ont vu passer. (Les journalistes jadis, c'étaient les prophètes; ils faisaient des Premiers-Paris très violents sur la place publique : Rochefort ou mieux encore Mademoiselle Michel m'aident souvent à me figurer Ezéchiel).

» Je dois montrer le rapport des divers idéaux de l'humanité et faire luire toutes les facettes de la vérité : à cet effet je n'ai rien trouvé de mieux que d'incarner chaque opinion en une personne et de la faire se comporter comme un être vivant. J'ai écrit des dialogues pour nuancer plus vivement les états de ma pensée. Mais vous pensez bien que je n'ai aucune intention scénique. Le théâtre vit de la passion qu'y porte la foule. Les applaudissements populaires nous effrayeraient, nous autres abstracteurs de quintessence. Il ne serait pas bon que des esprits neufs, ou du moins mal renseignés, fussent mêlés aux jeux de la métaphysique. Ils pourraient tirer des conséquences dangereuses de propositions que nous aventurons, bien qu'elles ne soient, après tout, que des vérités incomplètes. Car, je vous le dis en confidence, nous sommes d'étranges amoureux : nous faisons des monstres à notre maîtresse, qui est la vérité. Nous avons créé des diables, des dieux, des loups-garous et des constitutions. Quand ils s'échappaient par le monde, c'était un grand malheur. Une sécurité nécessaire au penseur est qu'il se dise : je fais mes expériences dans un cabinet bien clos ; si mes calculs sont faux, si mes cornues éclatent, je ne tuerai guère que mon préparateur et une paire de disciples. Bref, nous avons des idées qu'il faut tenir en cage comme les chiens sur lesquels travaille M. Pasteur. M. Pasteur tient ménagerie pour le bien de l'humanité, mais il peut être un danger pour la rue d'Ulm. Ne lâchez pas plus en représentations publiques les idées d'un philosophe que les chiens de M. Pasteur ».

J'objecte alors à M. Renan que le *Dialogue des morts*, qu'il a consacré à Victor Hugo, a été représenté par les artistes de la Comédie-Française. M. Renan me répond que seule cette grande circonstance a pu le décider à cette publicité. Et pourtant, je surprends chez lui une complaisance à parler des répétitions qu'à cet effet il suivit au côté de M. Claretie.

— Je craignais M. Coquelin cadet, me dit-il, parce qu'on m'avait prévenu qu'il fait sans trêve des calembours. Quoique j'aie vu Victor Hugo y exceller, je vous avoue que je ne goûte guère cet exercice. C'est que j'y suis inférieur. Peut-être comme érudit, m'est-il arrivé de jouer sur les mots ; les évêques me l'ont reproché ; mais c'était sur des mots syriaques, avec mes confrères de l'Académie des Inscriptions. Dans notre ère, je ne comprends plus le calembour. Eh bien ! M. Coquelin m'a surpris. Le croiriez-vous ? Il ne me parlait que de l'Institut. Il préparait déjà la candidature de Claretie. Et puis, ne le répétez pas, il ressemble un peu à ce père Le Hir qui fut mon professeur à Saint-Sulpice. C'est d'ailleurs un artiste de grand talent.

»Je finissais même par craindre M. Sarcey, car Mlle Reichemberg me disait toujours: "Qu'est-ce que pense Sarcey? Avez-vous fait parler à Sarcey? Comment voulez-vous débuter si vous n'avez point Sarcey?" J'essayais de la rassurer mais son amie, Mlle Réjane, a ajouté en regardant ma redingote, qui est un peu longue, paraît-il, et a un air de soutane longue, paraît-il, et a un air de soutane: "Ah! vous savez, Sarcey n'aime pas les cléricaux!". Elle est tout à fait charmante, cette demoiselle Réjane».

— Mais, lui dis-je, en poussant avec plus d'audace mon idée, n'avez-vous pas souffert, quand M. Sarcey malmenait *l'Abbesse de Jouarre*?

— Je vais, me dit-il, vous raconter un mot que je lui fis à ce propos. Comme il se plaignait sans trêve qu'on lui eût volé sa montre au théâtre: «Monsieur Sarcey, lui dis-je, qu'est-ce que cela vous fait? Vous avez toujours regardé l'heure à la montre des autres... D'ailleurs, vous avez bien raison: il vaut mieux retarder avec tout le monde que marquer l'heure juste tout seul».

Puis, cessant de tourner ses pouces, de balancer sa tête et de donner à ses phrases un ton vulgaire, M. Renan me dit en face:

— Vous ne comprenez rien qu'à la littérature. Ne parlons donc que de cela. Eh bien! je suis sûr d'avoir fait une bonne tâche et durable, puisque mon contemporain Sainte-Beuve m'a aimé, et puisque vous-même, Monsieur, d'une génération qui, pour moi, est déjà l'avenir, vous m'inventeriez plutôt que de vous passer de me connaître. Ainsi je fis avec Jésus, avec saint Paul, avec Marc-Aurèle, — et avec moi-même, je puis bien l'avouer, quand j'écrivis mes *Souvenirs d'Enfance*.

Conclusions

Ces huit jours écoulés, tandis que sur la ligne de Brest à Paris, en compagnie de mon familier Simon, je m'éloignais de Perros-Guirec, nous songeâmes tous deux, pour charmer la lenteur du trajet, à la mort de M. Renan :

—Le monde en deviendra plus triste et plus vulgaire, me disait Simon, mais la légende de Renan, que dès aujourd'hui nous voyons se faire, s'épanouira largement. Or, rien de plus curieux que la formation d'une légende. Pourquoi ces traits qui s'effacent et ces autres qui s'accusent ? C'est un type humain qui se crée sous nos yeux, plus vivant qu'aucun chef-d'œuvre volontaire, par la collaboration de tous.

—Je prévois, lui répondis-je, que la légende de Renan sera poussée à la fadeur. Son attitude d'écrivain trompe sur le fond même de sa pensée. Les plus avisés de ses admirateurs littéraires se plaisent à oublier qu'il est franchement anticlérical dans la conversation et que, sur cinq ou six points les plus importants de la pensée humaine, il est affirmatif et net autant qu'aucun esprit réputé vigoureux et brutal.

—Ah ! disions-nous l'un et l'autre, que la mort de M. Renan sera intéressante !

M. Renan au purgatoire[6]
(Septembre 1902)

J'ai fait un rêve. J'assistais à l'entrée de Chincholle au purgatoire. Il avait cette allure affairée et importante que nous lui avons vue tant de fois en province. On le reconnut, il serra quelques-mains.

—Diable! disait-il en s'épongeant le front, il fait chaud chez vous, messieurs.

Soudain il fit le geste de saisir son calepin et se précipita vers un groupe d'âmes ecclésiastiques où il venait d'apercevoir M. Renan :

—Mon cher maître, quelle surprise de vous trouver ici!...

—En effet, dit M. Renan, j'ai frisé l'enfer. Mes vieux maîtres de Saint-Sulpice, qui sont tous au ciel, ont pu m'obtenir les circonstances atténuantes. Ils firent valoir, non sans coquetterie, qu'en me donnant tout mon hébreu ils avaient assumé une part de mes crimes... Par exemple, je suis ici jusqu'à la fermeture.

—Enchanté, répliqua poliment Chincholle. Voulez-vous me permettre une question? Le public serait curieux de savoir... Mais vous ne me reconnaissez pas?

M. Renan, les mains enlacées sur son ventre et tel que sa mémoire nous réjouit encore, à peine un peu fondu, s'excusa, protesta, s'inclina, puis dit avec onction :

—Vous êtes sans doute, cher monsieur, le démon de la curiosité.

—Je suis Chincholle.

M. Renan exagéra son expression de déférence au point qu'un as-

---

[6] Après dix-huit mois que MM. Chincholle et Quellien nous ont quittés et quand on a cessé de se battre autour de la statue de Tréguier, faut-il déjà un commentaire au commentaire que je fis de ces enterrements et de cette érection? Je songe à cette clef que M. de Banville, vieillard, dut joindre à la réimpression de ses jeunes *Odes Funambulesques*. Il sut en profiter pour plaire davantage. Mieux vaut ici que je me fie à trente lecteurs qui voudront bien, peut-être, me lire lentement. [M. B.]

sistant, un homme simple, un pieux hagiographe crut à une méprise et voulut la dissiper :

— Chincholle par un *ch* auvergnat : un rédacteur bien connu du Figaro.

— Très bien, dit M. Renan, très bien ! J'ai beaucoup lu M. Chincholle, et avec une particulière sympathie, car les Auvergnats appartiennent à cette race celtique qui fut ma mère et ma nourrice. En tant que Celte, vous étiez un imaginatif, monsieur Chincholle, mais notre respectable hagiographe vient de marquer très justement ce que vous deviez au Plateau Central : à une facilité incomparable pour inventer des fables, vous joigniez une prodigieuse activité physique. Comme tous vos compatriotes, vous excelliez à porter des fardeaux, mais vous les hissiez en rêvant. Vous avez monté l'eau chaque matin dans les colonnes de votre estimable journal ; c'était une eau enchantée, car à ceux qui buvaient à longs traits vos articles, l'actualité apparaissait toujours plus belle ou plus exécrable, plus extraordinaire enfin qu'aucun des faits antérieurs. Vous trouverez ici, monsieur Chincholle, notre activité intellectuelle bien modeste. C'est que nous vivons sur des qualités et sur des défauts fixés. Hélas ! l'ère est close pour nous des mérites et des démérites. Notre rôle se borne à nous purifier. Comme nous, monsieur Chincholle, vous vous purifiez, mais, j'en suis sûr, plus rapidement que celui qui se félicite de vous donner la bienvenue.

CHINCHOLLE (*avec émotion*)

Voilà, mon cher maître, un des meilleurs discours de réception que vous ayez prononcés. Quelle contrariété pour nous deux que ce soit en dehors de l'Académie française !... Pour répondre à votre gracieuseté envers la presse, dont me voici une fois encore le délégué, je vous apporte une nouvelle qui faisait, quand j'ai quitté Paris, le meilleur des sujets d'article. Elle vous concerne : vous êtes toujours à la mode. Quelle magnifique occasion d'interview ! Mais devinez de quoi il s'agit ? c'est de la chose qui vous intéresse le plus au monde.

RENAN

M. Renan

Le monde, monsieur Chincholle! j'ai passé soixante ans à le regarder depuis Sirius; vous êtes trop Parisien pour l'ignorer. J'en prenais une vue infiniment amusante. Mais depuis ici, il m'étonne encore davantage.

L'univers contemplé du purgatoire, n'est point tel que vous le connaissez rue Drouot... Ce sont là de hauts problèmes. Je ne sais si votre infatigable curiosité eut l'occasion de les aborder. Mais là-dessus vous avez dû entendre quelques-uns de ces rares esprits que la politique et les soins du siècle n'absorbent point, par exemple mes jeunes amis MM. Anatole France et Jules Lemaître, ces deux talents fraternels...

Sur ce, le « fraternel » Chincholle, qui prenait des notes, eut un mouvement.

— Eh! quoi! dit M. Renan, seraient-ils déjà au paradis?

Sans cesser d'écrire, Chincholle fit un geste négatif.

— En enfer, peut-être?... Non, vous me dites que la question n'est pas encore réglée... J'en suis fort aise.

— Mon cher maître, observa Chincholle avec une douce sévérité, je le vois, j'aurai beaucoup à faire pour vous remettre dans le train. Mais revenons à notre interview. Qu'est-ce qui vous intéresse le plus sur la terre?

M. Renan

Ici, mon cher collègue, pour parler comme les bonnes femmes, il en cuirait de mentir. Aussi je ne biaiserai point. Quand ma pensée remonte là-haut, c'est pour errer dans un pays d'enfance. L'Océan, les grandes brises du large, l'inaltérable humidité bretonne...

Chincholle

Vous brûlez!

RENAN

M. Renan (*perdu dans son rêve*)

Y a-t-il des Bretons qui pensent à moi ? Me pardonnent-ils mes différences, reconnaissent-ils notre parenté ? La Bretagne m'accueillera-t-elle dans sa tradition éternelle ?

Chincholle

Sachez donc qu'on vous élève une statue à Tréguier.

M. Renan

Quellien, qui vient de nous arriver en automobile, ne m'a rien dit de cela.

Chincholle

Il a bien le droit d'être un peu étourdi, mais je vous garantis ma nouvelle. C'est du bon Chincholle. L'initiative de votre glorification a été prise par un amiral et par M. Dayot. Ils sont soutenus par un ministère qui veut ennuyer les catholiques bretons... Ne craignez rien, cher maître, les anticléricaux tiennent la corde. La municipalité de Tréguier écartera radicalement la protestation de l'archiprêtre Legoff.

M. Renan

Dieu m'est témoin de ma profonde contrariété ! Si j'étais en enfer, j'irais tirer Dayot et l'amiral par les pieds ; si j'étais au Ciel, je favoriserais de mon apparition le vénérable archiprêtre. Mais au purgatoire nous sommes totalement démunis de moyens d'action. Monsieur Chincholle, votre « bonne nouvelle » m'annonce la pire des épreuves dont je subis ici le cours. Une statue officielle ! Seigneur, détachez de mon col cette pierre de scandale, qui me coule quand je commençais à flotter ! O mes maladroits amis, vous compromettez mon œuvre ; vous ne voulez pas qu'elle profite de ma disparition ni du temps. Il n'est de perfection qu'épurée de tout ce qui trouble. Laissez donc

Renan accomplir une période bienfaisante de purgatoire. Acceptez que, par une série d'opérations mystérieuses, je vienne lentement prendre ma place dans la conscience de mes compatriotes. Mon rêve est de rentrer dans l'âme de la Bretagne où j'ai puisé le meilleur de moi-même. Pourquoi capter la goutte d'eau encore chargée du limon de l'orage, et qui veut rejoindre sur le ciel natal le nuage dont elle se souvient?

Tandis que cette conversation se poursuivait, les ombres ecclésiastiques, qui d'abord entouraient M. Renan, s'étaient peu à peu dissipées. Une seule maintenant demeurait qui fit deux pas vers le nouveau venu et brusquement l'apostropha:

—Toujours gaffeur, Chincholle!

—Le patron!

M. Magnard, —en effet c'était lui,— est demeuré l'ennemi des effusions. Il dit avec bon sens peu de mots:

—Nous avions ici une petite société d'âmes lettrées et déliées. Des apostats, des défroqués, des évêques vendus à Dumay: le groupe des prêtres avec tache... Vous faites la grimace? Si vous croyez que c'est aisé pour un sceptique de trouver avec qui causer dans un lieu qui est le rendez-vous des gens à passions! Pour Renan et pour moi, notre groupe tout de même était plus décent que celui des luxurieux... Eh bien! pour vos débuts, fallait-il que vous raviviez des querelles enterrées!

Et montrant de la main M. Renan qui, devenu une fois encore un objet de scandale, se chauffait tout seul dans un coin, il épouvanta Chincholle par un de ces mots qui ne valent que s'ils sont bien mis en place:

—Que le Diable vous emporte!

Le regard de M. Renan
(d'après M. Charles Laurent.[7])

M. Charles Laurent raconte qu'il a dîné un jour avec M. Renan, rue de la Pérouse, chez M. de Girardin. En face de celui-ci était assise sa belle-fille, puis Gambetta, un journaliste qu'on ne cite pas et trois jeunes femmes élégantes. Le repas fut court, un peu froid, car Gambetta et Renan s'occupèrent trop exclusivement l'un de l'autre. Au dessert, Gambetta leva son verre plein d'un vin de Porto que M. de Cabarrus envoyait, chaque année, à Girardin.

— Aux dames et à notre hôte.

— J'accepte ce vin, dit Renan, j'accepte ce pur rayon de soleil, comme une libation faite à l'homme par les dieux.

La voisine de l'aimable et prudent vieillard parut ne plus pouvoir maîtriser un désir dont frémissaient, depuis une demi-heure, les deux autres femmes.

— Monsieur, je vous en prie, parlez-nous de l'amour.

Cette bizarre prière n'étonna pas M. Renan. Les mondaines les plus brillantes, depuis plusieurs années, lui avaient marqué son rôle. Elles se souciaient peu de le suivre dans son domaine philosophique, elles songeaient encore moins à le mêler à leurs sentiments positifs, elles attendaient qu'il leur fît goûter le charme des mots caressants et chantants. Aux yeux de ces belles égoïstes, M. Renan était un musicien de génie, habile à faire vibrer toute la lyre qu'une femme appelle son cœur. Elles ne pensaient plus qu'il fût l'Antéchrist : elles le tenaient pour un prêtre, un prêtre de la beauté. Elles attendaient de lui des hymnes à la fois ardentes et désintéressées. M. Renan, sans doute, allait commencer un de ses doux prêches vaporeux, quand la voix cassée, l'extraordinaire voix de Girardin s'éleva :

---

[7] M. Charles Laurent, *Une partie de dominos*, dans le journal Le Matin, 13 septembre 1903.

—Tout à l'heure! tout à l'heure! Allons prendre d'abord le café dans la galerie.

On se leva un peu surpris, un peu déçu.

Le café servi, les cigares allumés et les domestiques disparus, les neuf convives se trouvèrent réunis à l'extrémité de la longue bibliothèque où couraient sous de magnifiques tableaux, d'interminables files de livres. Tout au fond, la grande statue en marbre de George Sand qu'on voit maintenant au Théâtre Français se dressait blanche et froide dans la pénombre. Les trois belles jeunes femmes décolletées entouraient M. Renan, un peu renversé dans un fauteuil, dont ses cheveux caressaient le dossier. Au milieu de ces fleurs parlantes, on eût dit le grand Docteur Arnaud tel qu'on le voit dans *l'Eau de Jouvence* quand la maîtresse du pape et deux jeunes religieuses l'entourent. Peut-être qu'il pensait: La philologie est une science austère. Le philologue et le philosophe ont besoin que leur gosier brûlant soit de temps à autre rafraîchi par un sirop exquis. La moquerie de la femme blesse le cœur de l'homme. Ce qu'il faut qu'elle nous témoigne c'est la confiance et l'amour. Nous brûlons notre sang et notre vie dans d'ardentes subtilités. Quoi d'étrange si notre imagination veut une fontaine d'eau fraîche, une coupe de lait?

Avec la magnifique émotivité des artistes qui trouvent toujours le moyen d'être éblouis, ce vieil homme, sans doute, plus ou moins nettement, se félicitait d'avoir eu une jeunesse chaste. N'ayant jamais profané l'amour, pensait-il, je vois l'âge affaiblir en moi la vie sans que je perde aucune des sensations délicieuses qui sont d'habitude oblitérées chez le sexagénaire. Peut-être qu'au contraire M. Renan souffrait légèrement parce qu'après ses repas, il s'abandonnait volontiers à la sieste. Quoi qu'il en soit, ses deux mains sur son ventre et fort épiscopal, il se taisait en souriant.

—Je vois ce que c'est, dit à mi-voix le pratique Gambetta: c'est nous qui le gênons... Girardin, avez-vous des dominos?

Au bout de peu d'instants, une table était dressée avec une boîte de dominos toute neuve et Gambetta, en remuant doucement l'armée d'ivoire, glissait à ses partenaires:

—Chut! ne troublons pas la musique!...

La musique, en effet, avait préludé. M. Renan venait de trouver son thème.

Partant de quelque fait divers, d'une lamentable histoire de délaissée, entrevue dans un journal, il vantait le bonheur qu'il y a dans la passion. A ces privilégiées de la vie qui vraisemblablement ne voulaient connaître de l'amour que l'orgueil de l'inspirer, il vantait la douceur de le ressentir. A ces belles orgueilleuses, il disait que le cœur se fond dans la joie d'être tendre et faible.

—L'amour, disait-il, résume tous les enchantements de la nature. Aux plus vives joies, il mêle les plus hautes noblesses, car c'est lui qui tire l'homme de l'animal et qui dégage de la bestialité la civilisation. Eh bien! quand la nature sacrifie des millions de créatures à ce qu'elle fait de grand, comment la femme doublement collaboratrice de l'acte le plus élevé qui s'accomplisse dans l'univers, à la fois déesse et holocauste dans un sacrifice où l'individu se prodigue avec une sorte de frénésie, espérerait-elle n'être point malheureuse? L'amoureuse souffrira, quand même tous les hasards la favoriseraient, parce que le jour de son plus éclatant bonheur, comme chaque jour, aura un soir. Mais qu'elle se console d'une félicité interrompue, si, une seule minute, elle a donné et reçu le plaisir dans toute son intensité. Pourquoi cette inquiétude, pourquoi ce besoin d'une éternelle volupté qui durerait toujours? La minute éternelle est celle que nous ressentîmes un jour avec tout ce qu'elle peut supporter d'exaspération.

Ainsi parlait M. Renan et je connais une femme qui, ce soir-là, l'écoutait de toute son âme. Elle semblait appeler, implorer les paroles du vieillard, comme si chacune d'elles fortifiait, dans le secret de sa conscience, les raisons qu'elle s'était déjà données pour bouleverser sa vie, pour rompre avec un luxe, en apparence si heureux, et pour aller chercher ailleurs avec un peu de joie beaucoup de larmes.

D'ailleurs, pour nous aussi, c'était un ravissement que ces couplets de Renan. Hélas! il manque à mon récit ses paroles exactes, sa voix, sa lèvre, sa grosse et belle face, sa main surtout qui, sur chaque fin de phrase, donnait la bénédiction.

Nous tâchions de paraître accaparés par nos dominos. Mais les fautes succédaient aux fautes, et vraiment les pauses, de plus en plus longues, où nous semblions méditer, ne relevaient guère la partie.

M. Renan continuait :

— Plus la femme sera exquise et plus elle souffrira dans l'amour. Mais où sa délicatesse supportera la pire épreuve, c'est si elle trouve dans son chemin le véritable héros ! Ces missionnaires divins, ceux qui ont pour mission de sauver ou d'embraser l'humanité seront toujours aimés beaucoup plus qu'ils n'aimeront. De tels hommes, trop vite on l'apprend, on ne les a jamais tout entiers. De froides abstractions les réclament. Titania, peut-être, fut sage de mettre sur ses genoux la belle tête d'un âne. La femme, en effet, ne s'accommode point d'entités. Elle a besoin d'un consolateur vivant. Elle veut quelqu'un qui l'accueille dans ses bras. Pourtant, la vraie femme laissera-t-elle dans une froide solitude l'homme de premier ordre ? Elle aurait peut-être tort de le repousser. Bien souvent j'ai songé à poursuivre dans quelque petit roman la solution de ce problème. Hélas ! avant de mourir je dois encore écrire un grand ouvrage d'histoire religieuse. En dépit de mon arthritisme j'entrevois la possibilité de le terminer. Je ne me permettrai plus désormais de divertissement. Mais je puis en quelques mots vous indiquer de quelle manière je concevrais cette sorte de fable morale..

A ce moment, — je n'oublierai jamais ce tableau, — nous étions tous en suspens, et Gambetta, tenant en travers de sa grande main les quatre dés qui lui restaient, tournait sa tête formidable du côté de ce prodigieux Renan.

Celui-ci disait :

— Un jeune homme, un jeune héros possède l'entière tendresse d'une jeune femme. C'est pour elle une soif, un besoin de toutes les heures, une obsession de revoir celui avec qui, un jour, elle a causé. De son côté, il a pour elle une affection sincère et souriante, car cela est doux d'être le dieu d'une âme. Mais précisément qu'est-ce qu'une âme quand on voudrait occuper l'univers, toutes les âmes qui vivent et celles qui viendront ? Ce jeune héros clairvoyant est bien obligé de reconnaître qu'il n'est pas adapté de tous points à l'amour de cette sublime égoïste à deux. Alors que doit-il faire ? Sera-t-il honnête s'il accepte une communion où il apporte moins que son amie ? Peut-être faut-il qu'il s'abstienne. Peut-être doit-il priver l'avenir de l'épargne qui s'est amassée dans son être. Qu'il prenne un sentiment profond du phénomène capital de l'univers, à savoir la reproduction de l'espèce ! Je n'autorise pas ce jeune homme à chercher les étourdissements de la volupté frivole. Quoi ! prêter un frisson de bonheur fugitif à qui lui offre une éternité de dévouement positif ! Accepter un diamant et le payer d'un gros sou mal doré ?... Mesdames, on le supplie. Comment puis-je l'empêcher ?

Renan s'était arrêté une seconde.

Gambetta lui dit, tenant toujours ses dominos :

— Eh bien ! vous, Renan, que feriez-vous en pareil cas ?

Renan jeta un coup d'œil sur la main ouverte de l'orateur et répondit, en le regardant bien dans les yeux :

— « Moi... ? Je poserais le double blanc !... »

Ah ! ce regard de M. Renan !

Note sur le regard de Voltaire
à propos du regard de M. Renan

J'ai sous la main, dans la minute où je corrige les épreuves de cette nouvelle (1904), un petit volume: *Voltaire en Alsace*, par M. Heid, où je trouve un trait que je souligne. Voltaire, Renan ! Quelles griffes ces deux animaux de la forte espèce ont sous leurs pattes caressantes !

En 1754 Voltaire était à Colmar. Les Jésuites y avaient une maison importante. Le frère de leur recteur était confesseur de la dauphine et par là avait de l'action sur Louis XV qui n'aimait pas Voltaire. Le philosophe sentait autour de lui une surveillance qui l'effrayait. Il se décida à une démarche que son secrétaire Collini raconte excellemment. «C'était au mois d'avril. Pâques approchait... Voltaire me demanda un jour si je ferais mes pâques. Je lui répondis que c'était mon intention.

— Eh bien ! me dit-il, nous les ferons ensemble.

On prépara tout pour la cérémonie. Un capucin vint le visiter. J'étais dans sa chambre lorsque ce religieux arriva. Après les premiers propos je m'éclipsai et ne revins qu'après avoir appris que le capucin était parti. Le lendemain nous allâmes ensemble à l'église et nous communiâmes l'un à côté de l'autre. J'avoue que je profitai d'une occasion aussi rare pour examiner la contenance de Voltaire pendant un acte aussi important. Dieu me pardonnera cette curiosité et ma distraction. Au moment où il allait être communié, je levai les yeux au ciel comme pour l'implorer, et je jetai un coup d'œil subit sur le maintien de Voltaire; il présentait sa langue et fixait les yeux bien ouverts sur la physionomie du prêtre. Je connaissais ces regards-là. En rentrant, il envoya aux capucins douze bouteilles de bon vin et une longe de veau».

Note des éditeurs
sur la troisième édition

Ces pages de critique pittoresque venaient de paraître dans la Revue de Paris et de Saint-Pétersbourg dirigée par Arsène Houssaye. M. Ary Renan, qui était d'ailleurs un artiste exquis ne les comprit pas ; il fit défense à l'auteur de republier jamais cet essai. C'était l'obliger à chercher et à trouver un éditeur. En effet, peu de semaines après, Dupret, 3, rue de Médicis, mit en vente la petite brochure qui devait faire plus de bruit qu'un gros livre et que M. Barrès n'eût pas jugé intéressant de publier, affirme-t-il, sans la nécessité où le mit une si maladroite démarche. Pour s'édifier sur cet incident, les curieux pourraient se reporter aux Débats du lundi 12 mars 1888, au Temps et au Voltaire du mardi 13. Ils trouveraient une courte réponse de M. Barrès dans le Voltaire du 22 mars.

Cette première édition de 1888 est introuvable ; la deuxième de 1890, chez Perrin, assez rare. Si l'on cherche pourquoi l'auteur a laissé en dehors de son œuvre ces pages, bien qu'elles eussent été favorablement accueillies, quelques lignes de *Du Sang* peuvent nous fournir l'explication : « Dans le goût d'une autre brochure intitulée Huit jours chez M. Renan , j'ai écrit jadis un essai de critique pittoresque sous ce titre suffisamment explicatif : *M. Taine en voyage*. Comme j'ai eu l'occasion de constater qu'on peut froisser ceux-là mêmes qu'on goûte le plus et qu'il m'eût été insupportable de froisser M. Taine, à qui nous devons de grands bénéfices intellectuels, j'ai renoncé à ce petit travail. Après cinq années de tiroir, il doit sentir le moisi, et ce n'est pas la mort de M. Taine qui donnerait de la convenance à un ton qui d'abord eût paru dégagé. De ce mince cahier de plaisanteries un peu livresques, mais pas plus reprochables qu'il ne se les permit sur les philosophes classiques, je me rappelle etc. » (*Le roman du lac de Côme*).

M. Barrès d'ailleurs s'est expliqué devant nous sur le scandale qu'il avait involontairement causé dans l'entourage de M. Renan.

«Les amis de ce grand homme, nous a-t-il dit, eussent voulu que je le traitasse avec plus de réserve qu'il n'avait lui-même traité les héros et les saints. Ils disaient, en levant leurs bras, qu'il était un auteur vivant. Pitoyable raison! Que pour les gens de l'Institut, des salons et de sa famille, M. Renan fût un homme en chair et en os, c'est possible, c'est indéniable, et par la suite moi-même je le vis sourire, parler, manger, mais pour moi, dans ma petite chambre d'étudiant ignoré, il était trente chefs-d'œuvre sans plus, que mon âme seule animait. Vivant, le vieux M. Renan pour le jeune M. Barrès? Quelle folie! Croyez-vous donc qu'il soit jamais venu s'asseoir à ma table de la bibliothèque Sainte-Geneviève? Le jour qu'il protesta, je faillis m'étouffer de mes rires. Qu'on fasse taire ce plaigneur disais-je, il va me gâter l'auteur des *Dialogues philosophiques*.

En mûrissant, en vieillissant, j'ai perdu de mon idéalisme. Je n'excuse plus aujourd'hui cette sorte d'ivresse que me donnait la pensée rénanienne et qui me poussait, explique qui pourra, à bâtonner lyriquement mon maître».

C'est le texte de 1890 que nous avons réimprimé. Toutefois l'auteur l'a relu. En outre il nous a permis de joindre à notre édition, (la troisième par conséquent) deux chapitres nouveaux: M. Renan au Purgatoire et une variation d'après M. Charles Laurent sur le Regard de M. Renan. Pour être plus complet, peut-être eût-il fallu joindre à ces trois fantaisies certain épisode de *Sous l'œil des Barbares* et le préambule du *Jardin de Bérénice*?

Les Éditeurs
Février 1904

RENAN

Table des matières

ERNEST RENAN EN BASSE-BRETAGNE

Hôtes de passage 4
Les anciens condisciples de M. Renan 5
M. Renan dans son cabinet de travail 6
Le dictionnaire de l'académie 7
Les « souvenirs d'enfance et de jeunesse » 8
Le chariot de Saint-Renan 9
Les fêtes de Tréguier 10
Avertissement de la deuxième édition 13

HUIT JOURS CHEZ M. RENAN

I A table 15
II En promenade 18
III Dans sa bibliothèque 21
IV Dans les coulisses 26
Conclusions 30
M. Renan au purgatoire (Septembre 1902) 31
Le regard de M. Renan (d'après M. Charles Laurent.) 36
Note sur le regard de Voltaire à propos du regard de M. Renan 41
Note des éditeurssur la troisième édition 42